DE VERLIEFDE
MAN

D1484928

Oorspronkelijke titel: Kama Sutra – Amorous Man
and Sensuous Woman
© 1995 Lustre Press Pvt. Ltd., New Delhi
© 1997 Rebo Productions, Lisse
Lay-out: Adage Communications, New Delhi
Illustraties opgenomen met toestemming van: National Museum,
New Delhi en Rama Kishan Sharma, Jaipur
Omslagontwerp: Ton Wienbelt, den Haag
Vertaling: Sytze Bentvelt
Redactie en productie: TextCase, Groningen
Zetwerk: Hof&Land Typografie, Maarssen

7ᵉ druk 2004

ISBN 90-366-1573-9

Gedrukt in Singapore

Alle rechten voorbehouden. Niets uit deze uitgave mag worden
verveelvoudigd, opgeslagen in een geautomatiseerd gegevens-
bestand, of openbaar gemaakt, in enige vorm of op enige wijze,
hetzij elektronisch, mechanisch, door fotokopieën, opnamen
of op enige andere manier zonder voorafgaande toestemming
van de uitgever.

*Titelpagina (van linksboven met de klok mee): de pijlen van uw
ogen geschoten met de boog van uw wenkbrauw verwonden mij, en
uw kuise boezem speelt met mijn leven; uit schuchterheid staart
Radha via de spiegel naar Hari's lotusgezicht; als de haremvrouwen van de koning bij toeval een man te pakken krijgen, willen ze
allemaal van hem genieten; o gij met het wonderschone gelaat,
haat mij niet langer, ik uw geliefde, uw dienares, ontwijk mij niet;
uw borsten, zo mooi gevormd als een kruik, waarom zouden ze
ongebruikt moeten blijven? Uw borsten, zo begerig en steviger dan
de vruchten van de palmyra-palm.*
Rechts: *deze erotische scène, waarin de mannelijke en vrouwelijke
lichamen het noorden en het zuiden uitbeelden, is kenmerkend voor
het tantrisme.*

inhoud

*Wie zingt van vreugde, moet de prachtigste en onver-
gankelijkste liederen zingen. En wie danst van vreugde,
moet zich eraan overgeven.*

inleiding

D e *Kama Soetra*, de wetenschap der liefde, werd bijna 2000 jaar geleden samengesteld door Vatsyayana, toen deze in Benares aan de Ganges godgeleerdheid studeerde. Het origineel in Sanskriet omvat 1250 sloka's of verzen. Een 'soetra' is een aforisme of korte formulering. In de orale traditie van die tijd was dat de eenvoudigste manier om iets te onthouden. In later eeuwen werden die beknopte uitspraken nader uitgewerkt in commentaren (zoals het tiende-eeuwse Jayamangla), waar andere auteurs weer nieuwe studies op baseerden.

Nog steeds is de *Kama Soetra* een van de grootste werken uit de historie: een klassiek liefdeshandboek, een hoogtepunt in de rijke traditie van Indische erotica. Het boek, een van de vroegste studies naar de heilzame relatie tussen man en vrouw, verkondigt de wereld: "Geluk en seksuele gelijkheid is ieders recht." Met een ontwapenende onbevangenheid en zonder spoor van schaamte onthult het u de spelregels van de hofmakerij, de vele manieren waarop u tot seksuele bevrediging kunt komen, en hoe u zowel uw echtgenote als de courtisane tevreden houdt.

De *Kama Soetra* is meer dan alleen een boek over de vermaarde '64', het aantal houdingen bij het seksueel verkeer dat erin wordt beschreven. Dat etiket doet het werk namelijk tekort. Vatsyayana, zich bewust van het gewicht van zijn taak, schreef: "Dit boek behoort niet uitsluitend te worden gebruikt als middel om onze verlangens te bevredigen. Iemand die met de ware grondslagen van deze wetenschap bekend is en die rekening houdt met *dharma* (deugd), *artha* (rijkdom) en *kama* (genot) en de gewoonten van het volk eerbiedigt, zal stellig zijn zinnen leren beheersen. Kortom, een intelligent persoon die rekening houdt met *dharma*, *artha* en *kama*, zal zonder de slaaf

van zijn hartstochten te worden, slagen bij alles wat hij onderneemt."

Kama, de hindoegod van de liefde, staat niet alleen voor seksuele geneugten, maar voor alle geneugten die samenhangen met de vijf zintuigen horen, zien, ruiken, voelen en proeven. Alles wat hiermee te maken heeft, kan de mens in verrukking brengen. Daarom ook hebben zes van de oorspronkelijke zeven hoofdstukken betrekking op het gedrag van het individu in de samenleving.

De geheime kunsten van de seksualiteit en fysieke vervoering kunnen nooit los worden gezien van geestelijk genot. Laat dit boek daarom een bescheiden bijdrage leveren aan uw plezier in die zo rijke wereld om u heen.

Rechts: in de geparfumeerde en met bloemen versierde kamer van de wellust moet de burger, omringd door vrienden en bedienden, de vrouw ontvangen en haar allerlei drankjes en versnaperingen aanbieden.

het leven als burger

N
a uw opleiding moet u zich met al het geld dat is ver-
kregen uit geschenken, veroveringen, zaken dan wel erfenissen
ergens vestigen en het leven leiden van een goed burger. Koop
een huis in een stad of groot dorp, of op een plek waar keurige
mensen komen. Het staat bij voorkeur aan een rivier of een
meer en moet afzonderlijke gedeelten hebben voor uiteenlo-
pende activiteiten.

Het huis moet omringd zijn door een tuin en onder meer
twee aparte kamers bevatten, een aan de buitenzijde en een aan

de binnenzijde. De laatste wordt bewoond door de vrouwen en de eerste dient als slaapkamer voor uw geneugten. Het bed moet groot zijn, zacht en mooi om te zien; het is overhuifd met een hemel en bedekt met verse bloemen en twee kussens, een aan het hoofdeinde en een aan het voeteneind.

Zet vlakbij een divan of sofa, en aan het hoofdeinde van het bed een krukje of tafeltje waarop parfums, bloemen, flesjes met oogwater, mondsprays en een stukje schors van de citroenboom moeten staan.

Aan het voeteneind van het bed moet u een kwispedoor en een sieradendoosje neerzetten, evenals een tekenbord, flesjes met parfum en goede boeken. Ook moet er een haak zijn om kransen aan te hangen.

Op de grond, niet te ver van de divan, moet een bord liggen waarop men kan dobbelen. Op de veranda buiten uw kamer hangen kooien met zangvogels. Richt een afzonderlijke ruimte in voor spinnen, houtsnijden en andere vormen van ontspanning.

In de tuin moet u zowel een gewone als een ronddraaiende schommel maken. Wikkel hier bloeiende slingerplanten omheen, zodat elke keer wanneer u erop gaat zitten er een regen van bloemen op u neerdaalt.

's Ochtends na het eerste toilet moet u uw tanden poetsen, uw lichaam inwrijven met parfums, oogwater aanbrengen op uw oogleden, uw lippen een beetje rood kleuren met betelblad en uzelf in de spiegel bekijken, waarna u zich aan uw dagelijkse taken kunt wijden.

Neem elke dag een bad, behandel uw lichaam om de andere dag met geurige olie, was u om de drie dagen met zeep en scheer u om de vier dagen. Doe dit altijd op deze manier en verwijder ook af en toe het zweet uit uw oksels. Gebruik drie maaltijden per dag: 's ochtends, 's middags en 's avonds. Leer na het ontbijt uw papegaaien en *maina's* spreken, 's middags gevolgd door gevechten tussen hanen, kwartels en rammen. Voorafgaand aan uw middagdutje kunt u de geest scherpen door u te verpozen met *pithamarda's*, *vita's* en *vidoeshaka's*.

Nadat u zich voor de avond hebt gekleed en opgedoft, moet u zich wijden aan gesprekken met vrienden of een bezoek bren-

Links: in de moessontijd, wanneer schommels in de bomen hangen en alle vogels en dieren een partner zoeken, gaan de gedachten als vanzelf uit naar de liefde.

9

gen aan een huis van plezier om te praten over de schone kunsten. Ga tijdig terug naar huis om daar wierook aan te steken en de komst af te wachten van uw geliefde met haar gevolg. Of stuur anders een dienstmeisje om haar op te halen. Heet haar welkom en amuseer haar daarna met vrolijke gesprekken.

Dit zijn uw gewone dagelijkse plichten. Bij festiviteiten is het uw plicht te helpen bij het organiseren van plechtigheden in de tempels ter ere van de goden. Wees dan niet te laat met

het betalen van uw aandeel in de kosten. Doe extra vriendelijk tegen mensen die van heel ver zijn gekomen om deze feesten bij te wonen. Veronachtzaam hen onder geen beding.

Organiseer speciale soirees, hetzij in uw eigen huis of in dat van een befaamde courtisane, waarop u en uw ontwikkelde vrienden in een opgewekte sfeer met leden van het andere geslacht kunnen keuvelen over de schone kunsten.

Geef ook grote feesten of drinkgelagen als het uw beurt is. Bezuinig niet op de uitgaven, decoreer uw huis overeenkomstig uw status en zorg voor geurige kransen in uw fraai verlichte tuin. Zet uw gasten uw beste wijnen en allerlei heerlijke hapjes voor.

Boven: met zijn lichaam gespannen als een boog schiet hij zijn liefdespijl af...
Rechts: hij doet haar armbanden om, ingelegd met diamanten als kleine groepjes bijen.

Ga picknicken bij beekjes of meren in schaduwrijke valleien, vergezeld van uw bedienden die de fijnste lekkernijen bij zich hebben. Vertrek bij zonsopgang, dartel met de vrouwen in het water (kijk uit voor krokodillen!) en keer in de namiddag naar huis terug.

U moet aardig zijn voor uw vrienden (die u soms misschien al van jongs af aan kent), voor het kroost van uw bedienden, voor uw oude studiegenoten en diegenen bij wie u uw gehei-

men kwijt kunt. Schenk hun wat zij u ook schenken, niet alleen materiële dingen, maar ook loyaliteit, kameraadschap, ondersteuning als het slecht gaat, en altijd genegenheid.

Beantwoord vertrouwen met vertrouwen en verneder of beledig hen nooit. Wees aardig voor *pithamarda's*, die verpauperde pakhuizen van kennis; van *vita's* kunt u nog het een en ander leren, ook al zijn ze alles kwijt; en *vidoeshaka's*, die leven van hun scherpe geest, zijn bijzonder handig voor het leggen van de juiste contacten!

Blz. 12 en 13: het rusteloze spel van lonkende en steelse blikken heeft Krishna's lotusgelaat in vuur en vlam gezet.

*O mijn geliefde, bestraf mij met al die dingen
die van mij de gevangene van uw omhelzing
maken.*

de edele verleidingskunst

De oude schrijvers zeggen dat u de aard, de eerlijkheid, de zuiverheid, de wilskracht alsook de emoties van een jonge vrouw moet kunnen aflezen aan haar uiterlijk en aan bepaalde tekens en eigenaardigheden. Maar de *Kama Soetra* waarschuwt dat dit soms ook onbetrouwbare aanwijzingen zijn en dat een vrouw moet worden beoordeeld op grond van haar gedrag, haar woorden en haar lichaamstaal. Gewoonlijk wordt een vrouw aangetrokken tot elke knappe man die ze ziet, maar door allerlei sociale beperkingen heeft dit geen gevolgen.

Een verliefde vrouw is als bezeten door krachten waar ze geen controle over heeft. Vaak schenkt ze haar liefde zonder aan goed en kwaad te denken, maar nooit om enig materieel doel te bereiken. Als u haar het hof begint te maken, zal ze daarom van nature geneigd zijn zich van u af te wenden. Maar verlies de moed niet en houd vol, dan zal ze uiteindelijk de uwe worden!

De oude schrijvers vonden dat u de vrouw van een ander mag verleiden als dat uw eigen leven redt. Een dergelijke liefde doorloopt de volgende stadia van intensiteit: liefde van het oog, liefde van de geest, slapeloosheid, vermagering, afkeer van genoegens, verlies van schaamte, krankzinnigheid, flauwvallen, sterven. In zo'n geval is het toegestaan om haar het hof te maken.

De *Kama Soetra* geeft de volgende opsomming van vrouwen die gemakkelijk te verleiden zijn: vrouwen die in de deurope- ning van hun huizen staan, vrouwen die altijd op straat kijken, vrouwen die steeds bij de buren zitten te kletsen, vrouwen die mannen altijd aanstaren of steelse blikken toewerpen, een vrou- welijke boodschapper, een vrouw wier man zonder geldige reden een ander heeft genomen, een vrouw die haar echtgenoot haat, een vrouw die kinderloos is of wier kinderen zijn gestor-

ven, een vrouw van wie onduidelijk is tot welke kaste ze behoort, een vrouw wier echtgenoot haar mindere is, een vrouw die op zeer jonge leeftijd is uitgehuwelijkt aan een rijke man die ze nu verafschuwt, waardoor ze iemand zoekt wiens wijsheid en intelligentie meer met de hare overeenkomen, een vrouw die niet het respect krijgt dat ze op grond van haar schoonheid en status verdient, een vrouw wier man veel reist, een vrouw die jaloers, hebzuchtig, immoreel of onvruchtbaar is, en verder: luie, laffe, vulgaire, zieke en oude vrouwen, en vrouwen die onaangenaam ruiken.

Volgens de heilige boeken kan een man zich alleen verzekeren van wettig nageslacht als hij trouwt met een maagd die tot zijn eigen kaste behoort, zoals verordend door de regels van het rechtsgeldig huwelijk en de zeden van de wereld. *Kama* mag niet worden beoefend met vrouwen uit een hogere kaste. Wilt u toch een avontuurtje, kijk dan uit naar courtisanes, weduwen en gescheiden vrouwen, of zelfs vrouwen uit een lagere kaste.

Toch mag een man zich ook wenden tot een getrouwde vrouw als hij op een van de volgende manieren redeneert:

❖ Deze vrouw is zeer sensueel en ervaren. Dus kan ik met haar experimenteren zonder de voorschriften van de wijzen te overtreden, ook al behoort ze tot een hogere kaste dan ikzelf.

❖ Deze vrouw heeft veel invloed op haar man, die bevriend is met mijn vijand. Als ik haar voor mij win, zal ze hem ertoe kunnen bewegen om mijn vijand in de steek te laten.

❖ Dit is een tweemaal gehuwde vrouw, van wie anderen vóór mij gebruik hebben gemaakt.

❖ Deze vrouw zal haar man, die machtig is, gunstig voor me stemmen, terwijl hij nu niets van me moet hebben.

❖ Door van deze vrouw mijn vriendin te maken, zal ik iets kunnen bereiken waarnaar een vriend van mij streeft of zal ik in staat zijn om mijn vijand ten val te brengen of een ander moeilijk uitvoerbaar plan te verwezenlijken.

❖ Als ik me met deze vrouw verenig, kan ik haar echtgenoot doden en me meester maken van zijn rijkdommen.

❖ De vereniging met deze vrouw kan me niet schaden en zal me uitsluitend rijkdom brengen, wat ik hard nodig heb omdat ik arm ben.

Links: leg, om het vuur van mijn hartstocht te doven, uw borst op mijn smachtende boezem.

❖ Deze vrouw is verliefd op mij en kent mijn fouten. Als ik mij niet met haar verenig, maakt ze die openbaar, wat mijn ondergang zal betekenen. Misschien spant ze dan zelfs samen met mijn vijanden, wat ook rampzalig kan aflopen, omdat ze al mijn zwakke punten kent.

❖ Haar echtgenoot heeft in het verleden mijn echtgenotes ont-eerd, en zo zal mijn wraak zoet zijn.

❖ Door mij met haar te verenigen, kan ik een vijand van de koning doden, die bij haar is ondergedoken.

❖ Ze is een goede vriendin van de vrouw die ik liefheb en kan me helpen om die te bereiken.

❖ Ze zal me in contact brengen met een vrouw die zowel erg mooi als rijk is, maar die moeilijk te benaderen valt en onder het gezag van een ander staat.

❖ Haar man is bevriend met mijn vijand. Ik zal haar ertoe overhalen zich aan hem te schenken, zodat vijandschap ont-staat tussen haar echtgenoot en deze man.

Omdat het vol gevaren is, mogen andermans vrouwen alleen als laatste redmiddel worden verleid – nooit uit louter begeer-te. Bovendien moet u de volgende vrouwen mijden: een melaatse, een krankzinnige, een verstotelinge, een naaste bloed-verwante, een jeugdvriendin, een vrouw die geheimen doorver-telt, een vrouw die in het openbaar zegt dat ze wil vrijen en een vrouw die een ascetisch leven leidt. Houd u ook verre van de vrouwen van verwanten, vrienden, geleerden en vorsten.

Trek u niets aan van de oude bewering dat een vrouw die met vijf mannen heeft geslapen iedereen ter beschikking staat.

En wie zijn nu uw echte vrienden? Iemand met wie u als kind hebt gespeeld, iemand die uw temperament deelt, iemand die door een verplichting aan u is gebonden, die u uw fouten en gebreken kunt toever-vertrouwen en omgekeerd, die een kind is van uw min of samen met u is opgevoed, of iemand die een overgeërfde vriend is. Deze vrienden mogen niet bang zijn voor de waarheid en moeten u door dik en dun trouw blijven. Ze mogen door de jaren heen uw geheimen niet verraden. Dat zijn degenen op wie u zich kunt verlaten bij uw liefdesperikelen.

Blz. 20 en 21: o geliefde, breng nieuw zwartsel aan op mijn oogle-den, teken daarboven een volmaakte stip met zalf van sandelhout en versier de haar-lok op mijn voorhoofd… **Links:** na de coïtus moeten de geliefden enkele betelbla-deren nuttigen; ook kunnen ze op de veranda gaan zitten om van het maan-licht te genieten en een prettig gesprek te voe-ren.

*Met steeds grotere ijver moet hij haar vrees wegnemen
en haar gaandeweg overhalen om mee te gaan naar een
stille plek, waar hij haar moet omhelzen en kussen.*

wat denkt ze toch?

Als u een vrouw wil veroveren, moet u haar stemming peilen en als volgt handelen. Als ze luistert doch haar eigen gevoelens tegenover u niet verraadt, moet u haar door middel van een boodschapper voor u proberen te winnen. Als ze na een eerste ontmoeting beter gekleed terugkeert op een eenzame plek, kunt u er zeker van zijn dat u haar kunt verleiden zonder krachtig op te hoeven treden.

Een vrouw die zich het hof laat maken en zich zelfs na lange tijd niet gewonnen geeft, moet worden beschouwd als een flirt. Maar wanhoop niet, zegt Vatsyayana, want zelfs zij kan worden veroverd, mits u het contact met haar blijft onderhouden.

Als een vrouw uw attenties uit de weg gaat en niet bereid is u te ontmoeten, hetzij uit respect voor u of omdat ze zichzelf te goed voor u acht, is ze moeilijk te verleiden en moet u zich verlaten op een zeer slimme tussenpersoon. Als ze heftig tegen u uitvalt, moet u uw pogingen echter meteen staken, aldus de wijzen.

Als ze in uw aanwezigheid inslaapt, moet u uw linkerarm om haar heen slaan en, wanneer ze ontwaakt, scherp opletten of ze u echt afwijst of dat alleen op zo'n manier doet dat ze eigenlijk een herhaling wil. Wanneer u tot dusver succes hebt, moet u haar krachtiger omhelzen. Wijst ze dit af, maar is ze de dag daarop even vriendelijk als altijd, dan kunt u ervan uitgaan dat ze bereid is de uwe te worden. Keert ze echter niet terug, dan moet u een tussenpersoon in de arm nemen. Als ze dan na een poosje te zijn weggebleven opnieuw verschijnt en zich gedraagt als anders, kunt u erop rekenen dat het wel goed zit. Zodra ze aangeeft dat ze u liefheeft, mag u niet aarzelen om haar de uwe de maken.

Vaak zal een vrouw u aanmoedigen noch ontwijken, maar zich enige tijd schuilhouden. Dan kunt u haar bereiken met

hulp van een vrouwelijke bediende die haar goed kent. Als ze daar nog niet op reageert, moet u zich serieus gaan afvragen of u haar maar niet beter kunt vergeten.

Maar hoe moet u beginnen? Heel simpel. Zorg dat u aan haar wordt voorgesteld, begin een gesprek en laat doorschemeren dat u van haar houdt. Uit haar reactie is dan af te leiden of ze welwillend tegenover uw gevoelens staat.

Een vrouw die bij het eerste onderhoud haar liefde verraadt door uiterlijke tekens, is doorgaans gemakkelijk te verleiden. Getuigt ze openlijk van haar liefde, dan is ze op dat moment al gewonnen.

Wat zijn nu die uiterlijke tekens waarmee een vrouw haar genegenheid verraadt? Ze kijkt u nooit recht aan en bloost als u haar aankijkt. Ze neemt u heimelijk op wanneer u bij haar wegloopt. Ze laat het hoofd hangen als u haar een vraag stelt en geeft onsamenhangende antwoorden. Ze vertoeft graag in uw gezelschap. Ze spreekt op luide toon met haar personeel om uw aandacht te trekken. Ze laat u onder een voorwendsel allerlei dingen zien. Ze vertelt u iets heel langzaam om het gesprek te rekken. Ze kust en omhelst in uw aanwezigheid een kind op haar schoot. Ze maakt gracieuze gebaren als haar begeleidsters haar in uw aanwezigheid plagen. Ze wordt vertrouwelijk met uw vrienden, respecteert en luistert naar hen. Ze is vriendelijk voor uw bedienden, geeft hun bevelen alsof ze hun meesteres was en is een en al aandacht wanneer zij iemand anders iets over u vertellen. Ze ontwijkt u wanneer ze niet correct gekleed is. Ze laat haar vriendin u sieraden of bloemen geven waarvoor u belangstelling hebt getoond. Ze draagt altijd iets dat ze van u heeft gekregen. Ze wordt neerslachtig als haar ouders een andere bruidegom voor haar noemen en ontwijkt degenen die tot diens gezelschap behoren of diens verzoek ondersteunen.

Een man die deze tekens heeft opgemerkt bij een vrouw, mag niet rusten tot hij haar heeft veroverd. Een jong meisje wordt veroverd met kinderlijk spel, een bijna volwassen maagd door zijn vaardigheid in de kunsten, en een vrouw die van hem houdt door de bemiddeling van een persoon die zij vertrouwt.

Links: denkend aan eerdere avonturen hunkert hij opnieuw naar die nectar, het omhelzen van haar kruikvormige borsten.

Wees mij, genaamd Narayana, genegen. O volg mij,
mijn kleine Radha.

het veroveren van een vrouw

De *Kama Soetra* zegt dat u de vrouw die u begeert zo mogelijk zelf moet benaderen en slechts in noodgevallen uw toevlucht moet nemen tot vrouwelijke boodschappers. Dat babbelzieke vrouwen een gemakkelijke prooi zijn en dat zwijgzame types vrouwelijke boodschappers vereisen, is maar een praatje.

Hoe komt u nu in contact met de vrouw van uw keus? Zorg dat ze u te zien krijgt, bijvoorbeeld in het huis van een vriend, een minister of een arts, of bij een speciale gelegenheid, zoals bruiloften, offerplechtigheden, begrafenissen, picknicks, feesten en partijen.

Wanneer u elkaar dan ontmoet, moet u haar kenbaar maken wat u voor haar voelt: u kunt aan uw snor trekken, geluiden maken met uw nagels, uw sieraden laten rinkelen, op uw onderlip bijten, en meer van dat soort tekens geven. Als ze u aankijkt, moet u met uw vrienden over haar praten en haar laten zien hoe vrijgevig u bent.

Als u naast een vriendin van haar zit, moet u geeuwen, ongedurig bewegen, uw wenkbrauwen fronsen en haar volstrekt ongeïnteresseerd aanhoren. Voer met een kind een gesprekje dat een dubbele betekenis heeft en indirect over haar gaat. Of doe alsof u onwel wordt en laat haar uw voorhoofd voelen of u medicijnen geven. Breng met uw nagels of een stokje tekens aan op de grond waaruit blijkt dat u haar bedoelt. Vergeet echter niet dat u al deze dingen op de juiste momenten en op de juiste plaatsen moet doen!

Ook kunt u een kind knuffelen dat bij haar op schoot zit, het iets geven om mee te spelen en het dan terugnemen. Spreek met haar over het kind om haar zo beter te leren kennen. Dit eerste contact kunt u dan benutten om haar geregeld thuis te gaan bezoeken. Doe daar eenvoudige spelletjes met haar, zoals mensenfiguren snijden uit boombladeren. Als u gaat zwemmen, kunt u in het water duiken en vlak bij haar bovenkomen. Bij haar thuis moet u, wanneer ze er niet bij is maar u wel kan horen, over de liefde spreken. Om de intimiteit te vergroten, moet u haar iets in bewaring geven dat u af en toe weer leent. In dit stadium kan ze uw echtgenote ontmoeten: zorg dan dat ze samen vertrouwelijke gesprekken voeren op eenzame plaatsen.

Vol verlangen ging hij naar de afgesproken plaats; o gij met uw bevallige heupen, draal niet langer!

Om haar vaker te kunnen zien, moet u er nu voor zorgen dat beide families dezelfde goudsmid, juwelier, mandenmaker, schilder en wasbaas krijgen.

Bij gezellige bijeenkomsten moet u naast haar zitten en haar onder een of ander voorwendsel aanraken; beroer haar voet met de uwe en speel met haar tenen. Schenk haar zoveel tijd en geld als ze nodig heeft. Praat met haar in het gezelschap van anderen over alledaagse zaken. Als ze de waarde van iets betwist, mag u haar nooit tegenspreken, maar moet u het in alles met haar eens zijn. Zo zal uw omgang met haar zeker een lang leven beschoren zijn!

Als zo het contact is gelegd en zij door allerlei uiterlijke tekens haar genegenheid voor u is gaan tonen, moet u proberen om haar daadwerkelijk te veroveren. Bij jonge meisjes, die het seksuele verkeer niet kennen, moet u zeer behoedzaam optreden, maar bij ervaren vrouwen is dit niet nodig.

Wanneer het meisje er klaar voor is, legt ze haar schuchterheid af en moet u de volgende stap zetten. Koop dan kleren, ringen en bloemen voor haar en zorg dat alles wat u geeft waardevol is en van goede kwaliteit. Vraag om een bloem die ze in het haar of in haar hand draagt. Als u haar zelf een bloem geeft, moet dit een zoetgeurende zijn, die u met uw nagels hebt gemerkt.

Probeer haar over te halen mee te gaan naar een eenzame plek en kus haar daar. Geef haar een betelnoot terwijl u haar lichaam streelt en er zachtjes in knijpt. Zo zult u uw pogingen ten slotte met succes bekroond zien.

Probeer nooit twee vrouwen tegelijkertijd te verleiden. Maar wanneer dit bij de ene is gelukt en u al geruime tijd van haar bekoringen hebt genoten, kunt u haar genegenheid behouden door haar af en toe iets te schenken wat ze mooi vindt en daarna beginnen om een andere vrouw het hof te maken. Wel waarschuwt de *Kama Soetra*: "Probeer een vrouw niet te verleiden als haar echtgenoot zich in de buurt van zijn woning bevindt. Een wijs man, die hecht aan zijn reputatie, moet geen vrouw proberen te veroveren die angstig, schuchter of onbetrouwbaar is, die streng wordt bewaakt of die een schoonvader of schoonmoeder heeft."

Blz. 30 en 31:
O gij wier ronde heupen zwanger van verlangen zijn, speel naar hartelust in dat dichtbegroeide prieel.

*Zijn ranke, donkere ledematen zijn als blauwe
lotusbloemen en worden overal geliefkoosd door
herderinnetjes.*

over harems en andermans vrouwen

De vrouwen van de koninklijke harem worden streng bewaakt en delen samen slechts één man. Door die wanverhouding vinden ze geen bevrediging, zodat ze zich tot elkaar wenden. Met meisjes uit hun gevolg, die als man zijn verkleed, doen ze erotische spelletjes met behulp van *lingam*-achtige voorwerpen. Sommige koningen hebben met hen te doen en gebruiken medicijnen om in de loop van een nacht met diverse vrouwen de liefde te kunnen bedrijven. Hierbij bedienen ze zich zelfs van kunstfallussen.

Ondanks de strenge bewaking hebben deze haremvrouwen er een kunst van gemaakt om mannen naar binnen te smokkelen. Daarbij gaan ze als volgt te werk. Vrouwelijke bedienden gaan in de stad op zoek naar onrustige jongemannen, vooral die zonder baard, omdat dezen als vrouwen vermomd zelfs extra oplettende schildwachten gemakkelijk om de tuin kunnen leiden. Vatsyayana waarschuwt echter dat het voor een man levensgevaarlijk is om de koninklijke harem binnen te dringen, ook al wordt die niet angstvallig bewaakt.

Als u toch het risico wilt nemen, moet u eerst nagaan of er wel een vluchtroute is en of de schildwachten nonchalant zijn. Idealiter komen de haremvertrekken uit op een tuin met veel bomen en paden. Controleer ten slotte of de koning wel echt de stad uit is.

Is aan deze voorwaarden voldaan, ga dan via de u aangewezen weg naar binnen. Pap aan met de bewakers door te zeggen dat u een van de dienstmeisjes wilt verleiden (wijs naar degene die u hierheen heeft vergezeld), maar kijk uit voor spionnen van de koning!

Hoewel de hulp van een tussenpersoon onontbeerlijk is, zult u er soms alleen voor staan. Posteer u dan op een plek waar de vrouw van uw keus u kan zien. Als daar ook schildwachten zijn, moet u zich vermommen als dienstmeisje of hun vertellen dat u een oogje hebt op een van de harembedienden. Eenmaal in de harem moet u al rondlopend haar aandacht trekken, maar doe dit niet te opvallend. Wanneer ze terugkijkt, moet u door gebaren en andere tekens voorzichtig kenbaar maken dat u naar haar verlangt. Wacht dan op de bazaar haar reactie af. De beste gelegenheid om een harem binnen te dringen doet zich voor tijdens feesten, wanneer iedereen druk bezig is, zodat u via een zijdeur gemakkelijk naar binnen kunt sluipen. Of loop anders in vermomming samen met de bediende naar binnen. Goede gelegenheden zijn verder: wanneer goederen worden aangevoerd of drinkgelagen worden gehouden, tijdens de wisseling van de wacht, wanneer de vrouwen zich naar tuinen of kermissen begeven en wanneer de koning op veldtocht is of een pelgrimstocht maakt.

De vrouwen van de koninklijke harem zijn hecht met elkaar verbonden door de zijden draden van hun begeerte en zullen elkaar altijd helpen, omdat ze hetzelfde doel hebben. Zolang een man zijn verhouding met hen maar stilhoudt, staat niets hem in de weg om met volle teugen te genieten. Dus mondje dicht! Zo handelt u bij andermans vrouwen. Omgekeerd moet een man dus waken voor de trouw van zijn eigen echtgenote, gezien de vele sluwe mannen die er rondlopen. Volgens de *Kama Soetra* worden soms zelfs de meest onschuldige echtgenotes op het verkeerde pad gebracht door mannen met kwade bedoelingen, en alleen een domme echtgenoot zal zijn vrouw toestaan met dat soort types om te gaan. Hij die de kunst verstaat om andermans vrouwen te verleiden, zal zich zeker niet laten beetnemen door mannen van zijn eigen slag! Hoe raakt een vrouw op het slechte pad? De oude geschriften noemen de volgende oorzaken: te vaak bij anderen op bezoek gaan, een onberekenbare echtgenoot, gebrek aan zelfbeheersing, onvoorzichtigheid in de omgang met andere mannen, langdurige afwezigheid van haar echtgenoot, in het buitenland leven, het gezelschap van losbandige vrouwen, jaloezie of liefdeloosheid van haar echtgenoot.

De *Kama Soetra* legt weliswaar uit hoe iemand de vrouwen van andere mannen moet veroveren, maar benadrukt ook dat een wijs man altijd discreet te werk gaat en andermans vrouwen nooit verleidt met bedrog. Wie dit begrijpt, zal zelf nooit worden bedrogen door zijn eigen echtgenote.

Orale bevrediging wordt alleen beoefend door onkuise en lichtzinnige vrouwen, en door vrouwelijke begeleiders en bedienden.

Bij de staande vereniging klampt de vrouw
zich vast aan de man zoals een klimplant
zich om een boom wikkelt.

soorten van vereniging

De *Kama Soetra* onderscheidt de volgende zeven soorten van vereniging:

- ❖ Wanneer een man en een vrouw al geruime tijd van elkaar houden, of zich verzoenen na een ruzie, of als een van hen terugkeert van een reis, spreekt men van een 'vereniging uit liefde'. Hierbij doen de geliefden precies wat ze willen en zo lang zij dit willen.
- ❖ Wanneer twee personen voor het eerst de liefde bedrijven, noemen we dit de 'vereniging waarop liefde zal volgen'.
- ❖ Wanneer twee personen samenkomen met als enige doel het bedrijven van de liefde of als ze alle 64 manieren willen toepassen, noemt men dit de 'vereniging van de kunstmatige liefde'. In dat geval kunt u gebruikmaken van alle methoden die in de *Kama Soetra* vermeld staan.
- ❖ Wanneer een man gedurende de hele vereniging onafgebroken denkt aan een andere vrouw die hij in werkelijkheid liefheeft, heet dit de 'vereniging van de overgedragen liefde'.
- ❖ De *Kama Soetra* stond afkeurend tegenover seksueel verkeer met vrouwen uit een lagere kaste (zoals waterdraagsters of dienstboden), en noemde dit de 'vereniging als van eunuchen'. Hierbij wordt geen gebruikgemaakt van strelen en kussen.
- ❖ De vereniging van een courtisane met een boer en die van stedelingen met vrouwen uit dorpen en grensgebieden wordt 'bedrieglijke vereniging' genoemd.
- ❖ De vereniging tussen twee mensen die aan elkaar gehecht zijn geraakt en die daarbij doen wat ze zelf prettig vinden, heet 'spontane vereniging'.

Om hem nog meer op te winden, trekt de vrouw behalve aan zijn lingam ook aan zijn baard.

over liefdestwisten

Liefdestwisten geven smaak aan de liefde en blazen haar nieuw leven in! U bent verzekerd van een fikse ruzie wanneer u haar tijdens de gemeenschap of tijdens uw orgasme aanspreekt met de naam van een ex. Maar denk hier niet te lichtvaardig over, want ze kan heftig tegen u uitvallen en buiten zinnen raken. Misschien vertrapt ze zelfs haar bloemen en gooit ze haar sieraden woedend van zich af.

Probeer haar in dat geval te kalmeren. Zeg dat ze weer in bed moet komen of leg haar zelf in bed. Misschien grijpt ze u wel bij de haren en trekt ze uw hoofd wild naar zich toe, of begint ze u, als ze weer in bed ligt, opnieuw te schoppen.

Ook kan ze bij de deur gaan zitten en daar tranen met tuiten huilen. Ga dan naar haar toe met sussende woordjes en gebaren. Eerst zal ze u zeker wegduwen, maar ten slotte zal ze u weer omhelzen en opnieuw de liefde willen bedrijven.

Echtgenotes vluchten meestal op hoge poten naar een andere kamer, maar geen paniek: eerder vroeg dan laat komen ze terug om de hele ruzie nog een keer dunnetjes over te doen!

Laat uw geliefde u alleen en gaat ze naar huis, dan moet u aan de noodrem trekken. Ga ogenblikkelijk tot actie over en stuur boodschappers als de *vita*, *pithamarda* en *vidoeshaka* naar haar toe. Na enige tijd zal ze dan terugkeren naar uw woning en naar uw bed.

Indien u de *Kama Soetra* aldus zorgvuldig bestudeert, zult u altijd veel succes hebben bij de vrouwen. Niet alleen bij uw eigen echtgenote, maar ook bij courtisanes en de vrouwen van anderen. U zult nooit worden gerespecteerd in een geleerd gezelschap, tenzij u bekend bent met de liefdeskunst zoals beschreven in de *Kama Soetra*. Is er bovendien een betere manier om uiting te geven aan uw liefde voor een medemens?

over omhelzingen

En goede minnaar moet bedreven zijn in de 64 technieken van het minnespel en de 64 andere levenskunsten en -wetenschappen. Maar volgens de aanhangers van Babhravya verwijst 'Vierenzestig' —de titel van dit deel van de *Kama Soetra*— naar de volgende acht onderwerpen die elk weer acht punten omvatten: omhelzen, kussen, krabben, bijten, geluiden maken, coïtushoudingen, rolwisselingen en oraal verkeer.

Links: gelijk het gewaad dat uw borsten bedekt, zal ik de pijn van onze scheiding wegnemen.

Omhelzingen in stijl

Op een heel primair niveau onderscheidt men vier soorten omhelzingen, waarmee steeds een andere mate van hartstocht wordt uitgedrukt:

❖ 'De aanrakende': als u met een of ander smoesje bij een vrouw gaat staan en haar lichaam lichtjes raakt, of als zij op een eenzame plek naar u toe komt en even langs u heen strijkt, alsof ze contact zoekt.

❖ 'De doorborende': als een vrouw u aantreft op een eenzame plek, vooroverbuigt als om iets op te rapen en u zo als het ware doorboort met haar borsten, die u dan op uw beurt heel terloops kunt strelen.

Bent u al een liefdespaar samen, dan kunt u directer te werk gaan, en wel als volgt:

❖ 'De wrijvende': als u samen in het donker of op een drukke markt wandelt en uw lichamen tegen elkaar aan schuren.

❖ 'De persende': als een van beiden de ander krachtig tegen een muur of zuil drukt, zodat deze geen adem meer kan krijgen en wild begint te spartelen.

Voor de laatste twee omhelzingen moet u elkaar uiteraard al goed kennen. Ervaren geliefden kunnen nog vier andere soorten omhelzingen uitproberen, waarvan de eerste twee staand

worden uitgevoerd: het 'slingeren van de liaan', het 'klimmen in een boom', het 'vermengen van sesamzaad met rijst' en het 'vermengen van melk met water':

Links: gewillig en de schaamte voorbij reikhalst ze kreunend naar haar treuzelende geliefde.

❖ Als zij zich aan u vastklampt als een liaan rond een boom, uw hoofd verwachtingsvol naar zich toe trekt in de hoop op een hartstochtelijke kus, terwijl ze u liefdevol aankijkt, is dit de omhelzing van de 'slingerende liaan'.

❖ Als zij een van haar voeten op de uwe plaatst en de andere om u heen slaat terwijl ze kermende geluidjes maakt, heet deze omhelzing het 'klimmen in een boom'.

De volgende twee omhelzingen kunnen alleen worden uitgevoerd in een comfortabel bed en gaan vaak spontaan over in seksuele gemeenschap:

❖ Als u dicht tegen elkaar aan ligt met verstrengelde armen en zoekende handen, terwijl zij haar borsten tegen uw lichaam wrijft, heet dit het 'vermengen van sesamzaad met rijst'.

❖ Als zij met haar gezicht naar u toe op uw schoot zit en zonder aan mogelijke pijn te denken haar lies hard tegen u aan drukt, wordt deze innige omhelzing het 'vermengen van melk met water' genoemd.

Soevarnanabha noemde nog vier manieren om afzonderlijke lichaamsdelen te omhelzen:

❖ 'Omhelzing van de dijen': als zij een van uw dijen tussen de hare sluit, vervolgens hard knijpt en zwelgt in het genot dat ze hieraan beleeft.

❖ 'Omhelzing van de jaghana': als u op haar ligt en tegen haar jaghana (middel) drukt, terwijl zij u krabt, af en toe onverhoeds kust en haar lokken losjes neergolven.

❖ De 'omhelzing van de borsten': als zij schrijlings op u zit en haar borsten tegen u aan drukt.

❖ Bij de 'omhelzing van het voorhoofd' raken voorhoofden, ogen en neuzen elkaar, waarna de lippen figuren beschrijven op het gezicht van de ander.

Volgens de oude schrijvers roept alleen het beschrijven van omhelzingen bij de meesten al begeerte op, omdat zo het rad van de hartstocht in beweging wordt gebracht. Is dat eenmaal het geval, dan moet men alle regels uit de *Kama Soetra* laten voor wat ze zijn.

over het kussen

Kussen, krabben en bijten zijn voorbereidingen op de seksuele vereniging en voeren de hartstocht op. Maar doe het kalmpjes aan, zegt de *Kama Soetra*, wanneer u een meisje voor het eerst mee naar bed neemt. Stel haar gerust en wees matig met kussen, krabben en bijten. Later, wanneer ze u wat beter kent, kunt u dan meer gebruikmaken van deze middelen om haar hartstocht op te wekken.

Links: als de haremvrouwen van de koning bij toeval een man te pakken krijgen, willen ze allemaal van hem genieten.

De bekoring van lippen

Waar kan men de geliefde kussen? Bijna overal! Maar vooral op het voorhoofd, de ogen, wangen, keel, boezem, borsten, lippen en het inwendige van de mond.

Voor een jong meisje zijn er drie soorten kussen die wat ingehoudener zijn. De 'formele kus' is een kus waarbij ze uw mond vluchtigjes met de hare beroert. Bij een 'trillende kus' overwint ze heel even haar schuchterheid, grijpt met gesloten ogen uw hand en staat u toe om zachtjes op haar onderlip te bijten.
Bij een 'aanrakende kus' raakt ze uw gretige mond snel even aan met haar tong.

Ook zijn nog vier andere soorten kussen beschreven:
+ De 'rechte kus', waarbij de lippen van de geliefden elkaar vol raken.
+ De 'gebogen kus', waarbij de hoofden schuin ten opzichte van elkaar staan.
+ De 'afgedwongen kus', waarbij de een het hoofd van de ander opheft en naar zich toe trekt.
+ De 'harde kus', wanneer deze met veel hartstocht wordt gegeven.

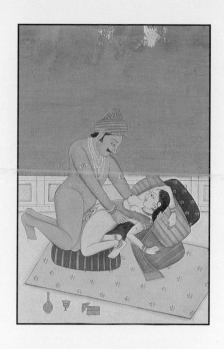

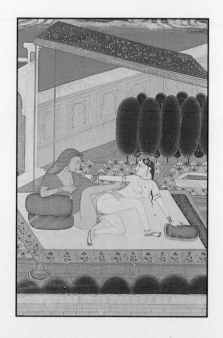

Een variant op de laatste is de 'zeer harde kus', waarbij u haar onderlip tussen twee vingers beetpakt, hem slechts heel even met de tong aanraakt en er dan zeer krachtig met uw lippen op drukt.

Zoenspelletjes

De *Kama Soetra* beveelt de volgende spelletjes aan om het liefdesspel urenlang te kunnen voortzetten.

Sluit een weddenschap wie met de lippen de onderlip van de ander het eerst te pakken krijgt. Als zij verliest, moet ze doen alsof ze huilt en zeggen dat ze nog eens wil, omdat het niet eerlijk ging. Ze moet dan net zo lang aan uw neus sabbelen of erin bijten tot u akkoord gaat. Verliest ze weer, dan moet ze nog ongelukkiger kijken en dan op een onbewaakt moment uw lip grijpen en die tussen haar tanden vasthouden.

Dan moet ze de victorie kraaien, met haar ogen rollen en haar wenkbrauwen optrekken, als om u uit te dagen tot een nieuwe weddenschap.

Geliefden die echt vurig van aard zijn, kunnen die spelletjes ook uitbreiden met krabben, bijten en slaan.

Als u de bovenlip van uw geliefde kust en zij tegelijk aan uw onderlip zuigt, heet dat de 'kus van de bovenlip'. Maar als u haar beide lippen in uw mond neemt, heet dit een 'omvattende kus'. Wanneer u dan beiden met de tong de mond van de ander verkent, ontstaat wat de Ouden noemen het 'vechten van de tongen'. Dergelijke stoeipartijen zijn ook mogelijk met de lippen en de tanden.

Daarnaast kunnen vier soorten kussen worden onderscheiden, al naar gelang de lichaamsdelen die worden gekust. Hierbij werken de lippen, tanden en tong harmonieus samen:

❖ Een 'zachte kus' is bestemd voor de borsten, de oksels en de liezen. U bijt haar zachtjes en plaagt haar met de tong.

❖ Een 'gematigde kus' geeft u op haar wangen, borsten, buik en heupen, plekken die vlezig genoeg zijn om uw tanden in te kunnen zetten zonder haar echt pijn te doen.

❖ Bij een 'drukkende kus' verkent u met uw tong de welvingen van haar lichaam, de rondingen van haar borsten en de directe omgeving van haar navel.

Blz. 46 en 47: talloos zijn de schaamteloze geneugten waaraan overspelige liefdesparen, dronken van wellust, zich overgeven in de nacht.

❖ Bij de 'knijpende kus' onderdrukt u met uw lippen het kietelende gevoel dat uw strelende nagels bij haar veroorzaken.

Als zij u kust terwijl u ligt te slapen, heet dit een 'kus die de liefde doet oplaaien'. Maar als zij u kust terwijl u in iets verdiept bent of ruzie met haar hebt, heet dit heel toepasselijk een 'kus die afleidt'.

Als u 's avonds laat thuiskomt en uw beminde die al ligt te slapen liefdevol kust, is dit een 'kus die wekt'. Bij zo'n gelegenheid kan de vrouw ook doen alsof ze slaapt, om hierdoor uw bedoelingen te leren kennen.

Als u een vrouw niet kunt aanspreken, maar haar toch uw liefde wilt tonen, kunt u haar weerspiegeling in het water kussen of eventueel haar schaduw op de muur. Dit heet een 'kus die de bedoeling verraadt'. Als u om dezelfde reden, of omdat u door haar aanwezigheid sprakeloos bent, een kind of een beeld of schilderij kust, zodat zij wel aanvoelt dat u eigenlijk haar wilt kussen, wordt dit een 'overgedragen kus' genoemd.

Als u uw beminde in het theater of op een bijeenkomst ziet en teder een van haar vingers of tenen kust terwijl zij ergens anders naar kijkt, heet dit een 'onthullende kus'.

Bedenk dat hij die niets onthult niets voorstelt. Elke stap van haar kant moet door u op dezelfde wijze worden beantwoord: een kus voor een kus, een streling voor een streling. Alleen dan zal het vuur van de liefde ontbranden!

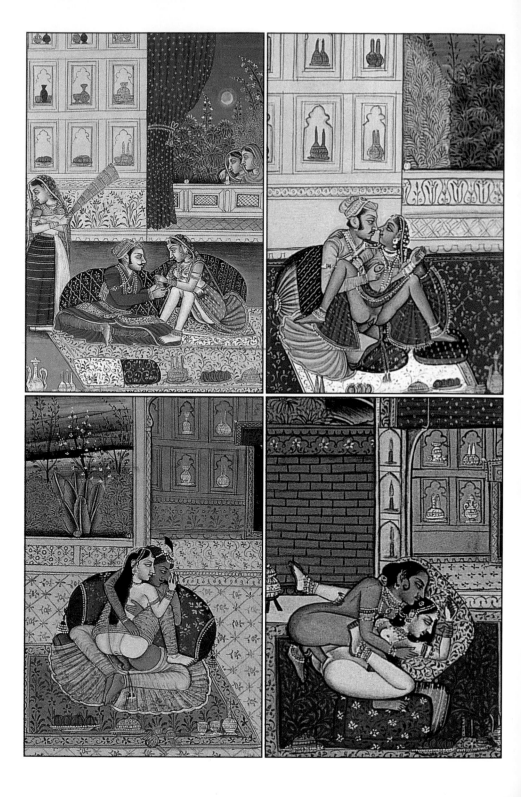

over krabben en bijten

Zodra het liefdesvuur is ontbrand, kunt u ook uw nagels in de strijd werpen om de hartstocht nog meer aan te wakkeren. Dit gebeurt vooral bij de volgende gelegenheden: als men voor het eerst samen in bed ligt, voordat men op een verre reis gaat of wanneer men is teruggekeerd na een hooglopende ruzie, en als de vrouw licht aangeschoten is.

Bedenk wel dat de nagels alleen worden gebruikt door mensen van het hartstochtelijke type. Ze dienen gaaf, schoon en glad van oppervlak te zijn. Bent u avontuurlijker aangelegd, dan kunt u ze ruw maken als een papegaaienbek of er twee of drie scherpe punten aan vijlen. Bij het indrukken van de nagels zijn acht variaties mogelijk:

❖ De eerste is een lichte streling met de nagels over haar borsten, wangen of onderlichaam. Dit maakt een geluid als van scheurende zijde. Vraagt ze u om haar rug te krabben, dan zal dit 'krassen met de nagels' haar zeker opwinden.

❖ Een halve cirkel, met de nagels aangebracht op borsten of hals, heet 'halve maan'.

❖ Twee halve cirkels tegenover elkaar vormen een zogenoemde 'kring'. Maak deze indruk alleen op haar heupen, buik en dijgewrichten.

❖ Een 'streep' kan met een scherpe nagel op elk willekeurig deel van het lichaam worden gemaakt.

❖ De 'tijgerklauw' is een licht gebogen streep die op haar borst of in de hals wordt aangebracht.

❖ Als u rond haar tepel een indruk weet te maken met vijf nagels, bent u geslaagd in de door vrouwen zeer gewaardeerde 'pauwenpoot'.

❖ Als u hetzelfde presteert op haar andere borst (alleen op haar eigen aandringen), heet dit de 'sprong van de haas'.

Links: wakker haar begeerte aan, de vrouw in wie mannen hun zaad uitstorten, zodat ze haar dijen gretig spreidt en wij al even gretig onze lingam in haar kunnen planten.

❖ Een indruk op borst of heupen in de vorm van een blad wordt het 'blad van de blauwe lotus' genoemd.

Alvorens op reis te gaan, laat een goede minnaar altijd drie of meer streepjes achter op het lichaam van zijn geliefde. Dit wordt een 'herinneringsteken' genoemd.

U kunt zelf met de nagels nog veel meer vormen verzinnen. De creativiteit van verliefden is schier onbeperkt. Maar wees ook weer niet te creatief als het om de vrouw van een ander gaat! Kunt u het toch niet laten, breng dan alleen verborgen tekens aan, die alleen u en haar bekend zijn. Overal waar u haar kunt kussen, kunt u haar ook bijten, met uitzondering van de bovenlip, tong en ogen. Goed bijten vergt wel enige oefening.

❖ Een 'gezwollen beet' veroorzaakt een zwelling doordat de huid aan weerskanten wordt ingedrukt.

❖ Een 'punt' ontstaat wanneer een klein stukje huid maar met één tand wordt gebeten.

❖ Een 'rij punten' wordt gemaakt met alle tanden samen.

❖ Worden zowel de tanden als de lippen gebruikt, dan spreekt men van 'het koraal en het juweel'.

❖ Een beet waarbij alle tanden zichtbaar zijn, heet een 'rij juwelen'.

❖ Bij een 'gebroken wolk' laten de tanden onregelmatige indrukken achter op de borsten.

❖ De 'beet van de ever' is een cirkel van rode vlekken die wordt aangebracht op borsten of schouders.

De onderlip is ideaal voor de 'verborgen beet'. De beet van 'het koraal en het juweel' wordt aangebracht op de linkerwang, de 'rij punten' en 'rij juwelen' in de hals, de oksel en op de dijgewrichten. Maar de 'rij punten' alleen wordt gemaakt op het voorhoofd en op de dijen. U kunt ook tekens aanbrengen op mooie voorwerpen, zoals de sieraden die ze draagt, om aan te geven dat u naar haar verlangt. Wat moet een vrouw doen als hij haar maar blijft bijten en krabben? Dubbel zo hard terugslaan! Ze moet een liefdestwist beginnen en zich dan, bedwelmd door hartstocht, vastbijten in zijn onderlip, haar ogen sluiten en hem bijten waar ze kan.

Links: kennelijk liggen paardrijden en de liefdesdaad in elkaars verlengde.
Blz. 54 en 55: *de creativiteit van verliefden kent geen grenzen.*

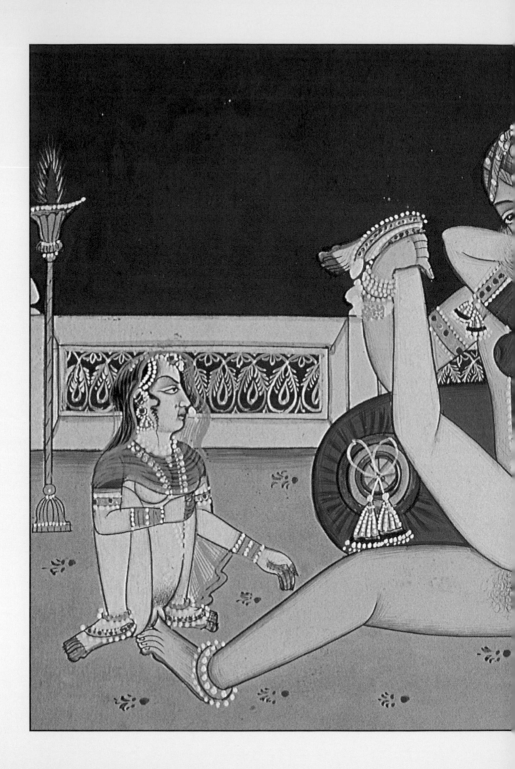

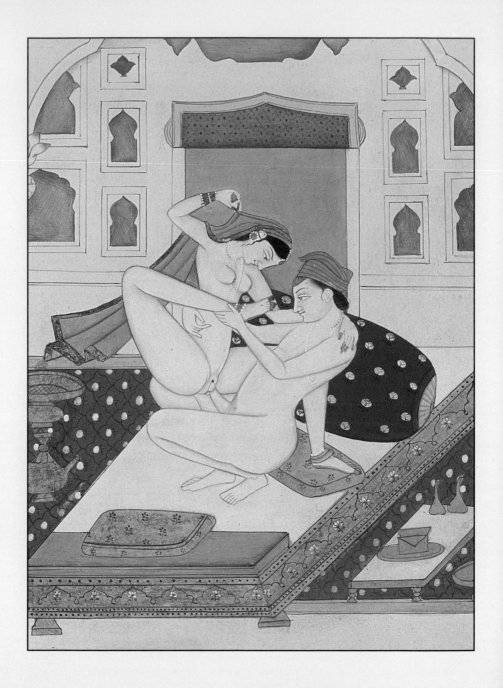

over slaan en de juiste geluiden

Liefdestwisten blazen de liefde nieuw leven in! En de seksuele vereniging is omgekeerd ook als een vriendschappelijke twist tussen de seksen. Om het vuur van de begeerte op te stoken, kent de *Kama Soetra* vier manieren van slaan: met de rug van de hand, met de vlakke hand, met gebalde vuist en met enigszins gebogen vingers.

De slagen worden toegediend op speciale plaatsen, zoals haar schouders, hoofd, zijden, romp of tussen haar borsten. Slaan kan behalve genot ook enige pijn veroorzaken en geeft derhalve aanleiding tot acht specifieke kreten, die elk voor zich een duidelijke indicatie vormen voor haar mate van opwinding:

❖ Het geluid 'hin' is een naar lucht happend geluid.
❖ Het donderende geluid is een diep gerommel.
❖ Het kirrende geluid is als van een tevreden duif.
❖ Het klagende geluid ontstijgt haar keel bij het orgasme.
❖ Het geluid 'sut' is een ademloos hijgen.
❖ Het geluid 'phat' is als van splijtend bamboe.
❖ Het geluid 'plat' is als van een bes die in het water valt.

Als zorgzame minnaar leert u de volgorde waarin haar kreten naar een wilde climax voeren. Ze roept dingen als "Moeder!", "Houd op!", "Genoeg!", "Ga weg!", "Ik ga dood! Ik ga dood!", of anders "Heerlijk!" en "Ga door!" Haar geluiden gaan over in die van de duif, de koekoek, de papegaai, de bij, de mus, de gans, de eend en de kwartel. En ten slotte zal ze, nieuwe toppen van genot beklimmend, woordeloze kreten slaken.

Er is geen vaste volgorde waarin u de verschillende soorten slagen moet toedienen. Maar als u haar zachtjes

Links: ze is vastbesloten de liefde op wel honderd manieren te bedrijven!

met de vuist op de rug slaat terwijl ze bij u op schoot zit, zal ze normaal gesproken hetzelfde bij u doen. Als u haar pijn doet, zal ze quasi-boos reageren. Tijdens de gemeenschap kunt u met de rug van uw hand tussen haar borsten slaan, eerst langzaam en dan, naarmate de opwinding stijgt, sneller. Doe haar geen pijn, tenzij ze daar uitdrukkelijk om vraagt. Krijgt ze hier genoeg van, dan kunt u haar zachtjes met lichtgebogen vingers op het voorhoofd tikken. Dit alles heeft tot doel om gedurende het minnespel het genot te verhogen en de bijpassende geluiden op te wekken.

Als u uw climax voelt naderen, moet u het tempo van uw slagen op haar borsten, dijen en zijden verhogen. Het geluid van uw vlakke hand op haar lichaam vermengt zich dan met de diepe kwartelgeluiden die zij produceert in de aanloop naar haar hoogtepunt.

Het is nuttig om te weten dat mannen en vrouwen fundamenteel van elkaar verschillen. De man is van nature ruwer, de vrouw eerder zacht en bedeesd. Maar soms vergeet ze haar aangeboren terughoudendheid.

Als ze door hartstocht wordt gegrepen, zich wil houden aan de gebruiken van haar omgeving of een bepaalde houding extra opwindend vindt, zal ze haar partner slaan. Maar verwacht niet dat ze dit altijd doet.

In sommige delen van India werden door Vatsyayana nog andere wijzen van slaan aangetroffen: met de wig op de boezem, de schaar op het hoofd, de boor op de wangen en de tang op de borsten en zijden. Die 'instrumenten' werden uiteraard gevormd door de handen. De *Kama Soetra* keurde deze technieken af als pijnlijk en barbaars, omdat ze vaak lelijke littekens achterlieten bij de vrouwen. De gebruiken die elders in zwang zijn, moeten niet louter uit nieuwsgierigheid worden nageaapt, zegt Vatsyayana.

Wat voor de een goed is, hoeft dat voor de ander nog niet te zijn. Om dit te onderstrepen, noemt hij enkele afschrikwekkende voorbeelden van overenthousiaste minnaars die hun geliefden met deze brute technieken de dood injoegen:

❖ De koning van de Panchala's doodde tijdens het minnespel de courtisane Madhavasena toen hij bij haar de wig toepaste.

❖ Koning Shatakini van de Koentala's doodde zijn gemalin Malyavati door een al te heftig gebruik van de schaar.

❖ De legerbevelhebber Naradeva, wiens linkerhand misvormd was, stak een dansmeisje een oog uit toen hij een stekende beweging verkeerd uitvoerde.

Doch sommige dwazen slaan deze waarschuwingen in de wind en kennen geen maat. Zoals een paard op het laatste stuk in volle galop voortdendert naar de eindstreep, zonder oog te hebben voor de wirwar van sloten, greppels en palen, zo blind voor hun omgeving kunnen ook geliefden zijn tijdens het minnespel. Dikwijls zijn ze zich niet bewust van het letsel dat ze met hun nagels, tanden en vingers kunnen toebrengen.

Laat u daarom niet verblinden door ongebreidelde hartstocht. Vergeet niet dat uw geliefde niet zo onverwoestbaar is als in uw fantasie en dat uw beten en klappen misschien wel pijnlijk voor haar zijn. Bovendien zal een bekwame minnaar hier alleen op het juiste moment en op de juiste plaats gebruik van maken.

Terwijl zij de mond van haar geliefde gretig kust, verlaten haar vriendinnen giechelend het prieel.

typen van seksuele vereniging

De *Kama Soetra* verdeelt mannen en vrouwen in drie klassen, al naar gelang de grootte van zijn *lingam* en de diepte van haar *yoni*. Ideaal zijn gelijke verbintenissen, namelijk die tussen haas en hinde, stier en merrie, paard en olifant. (Erotische geschriften uit de Middeleeuwen specificeerden de afmetingen als volgt: haas-hinde, zes vingerbreedten; stier-merrie, negen vingerbreedten; paard-olifant, twaalf vingerbreedten.)

Bij ongelijke verenigingen zijn er zes mogelijkheden: haas met merrie of olifant, stier met hinde of olifant, paard met hinde of merrie. Hierbij is de vereniging van uitersten (haas-olifant en paard-hinde) het ongunstigst, en die combinaties kunnen dan ook maar beter worden vermeden.

Er bestaan ook negen typen van vereniging al naar gelang de kracht van de hartstocht (gering, middelmatig, hevig). Evenzo kunnen we mannen en vrouwen indelen in drie groepen volgens de tijd die ze nodig hebben om tot bevrediging te komen (kort, middelmatig, lang), zodat er ook wat dit betreft weer negen typen van vereniging mogelijk zijn.

De *Kama Soetra* gaat uitvoerig in op het onderscheid tussen mannen en vrouwen tijdens de daad. Bij vrouwen, die geen zaad lozen zoals mannen, ontbreekt een fysieke ontlading. Volgens sommigen vrijt de vrouw liever met een man die lang nodig heeft dan met iemand bij wie dat niet het geval is. Zou zij, vragen weer anderen zich af, toch ook een zaadlozing krijgen, maar dan in een constante stroom? Studie van de geslachtsgemeenschap wijst uit dat haar hartstocht in het begin middelmatig is. Ze

Bij de eerste seksuele vereniging is de hartstocht van de man hevig en heeft hij slechts korte tijd nodig.

verdraagt zijn stoten nog niet, maar langzaam groeit haar hartstocht en stijgt ze uit boven zichzelf, waarna ze in zichzelf terugkeert en de gemeenschap wenst te staken.

Vatsyayana beweert dat de man bij de gemeenschap handelend optreedt en zij zich aan hem onderwerpt, maar dat het orgasme voor beiden gelijk is.

De oude schrijvers dachten veel na over dit vraagstuk van de verenigbaarheid. Als twee mensen op hetzelfde moment hetzelfde doen, moeten ze daar ook tegelijk dezelfde bevrediging in vinden. Want wanneer twee bronstige rammen elkaar met de kop stoten, is de schok voor beide even groot. Hieruit volgt dat ook mannen en vrouwen hetzelfde genot ontlenen aan de seksuele daad.

Omdat er negen typen van vereniging zijn met betrekking tot respectievelijk de afmetingen, de hartstocht en de tijd, zal duidelijk zijn dat er onderling talloze combinaties mogelijk zijn. Welke op een bepaald moment de beste is, hangt af van uw wensen en de omstandigheden.

Bij de eerste seksuele vereniging komt de man meestal snel tot bevrediging, maar bij volgende paringen op diezelfde dag geldt het omgekeerde. Bij de vrouw gaat het juist andersom: de eerste maal is haar hartstocht gering, daarna wordt ze steeds hartstochtelijker.

Naar de intensiteit van de liefde onderscheidden de Ouden de volgende soorten:

❖ *Liefde die voortkomt uit de geregelde gewoonte*: zoals de liefde voor de jacht, voor drinken, voor dobbelen of de liefde voor seksueel verkeer.

❖ *Liefde die het gevolg is van de verbeelding*: dit is de liefde die puur voortkomt uit ideeën, zoals kussen, omhelzen of oraal verkeer.

❖ *Liefde die het gevolg is van het geloof*: dit is de liefde tussen twee mensen die wederkerig is en waarvan de trouw is gebleken.

❖ *Liefde die het gevolg is van voorwerpen die wij altijd om ons heen zien*: deze liefde, die iedereen kent, staat hoger dan alle andere vormen, die slechts ter wille van zichzelf bestaan.

Orale geneugten

Ooit werd orale seks domweg verboden en afgedaan als barbaars, onbeschaafd, onhygiënisch en strijdig met de zeden. Vatsyayana vermeldt echter liefst acht orale technieken die door eunuchen werden beoefend. Deze worden hier gemakshalve toegespitst op de verhouding man-vrouw:

✤ De vluchtige vereniging: als zij uw *lingam* in haar hand houdt, aan haar getuite lippen brengt en daarbij haar hoofd ronddraait.

✤ De zijden bijten: als zij uw *lingam* stevig vasthoudt als een bloem en dan de zijden zacht liefkoost met de tanden.

✤ Van buiten drukken: als zij het uiteinde van uw *lingam* met opeengedrukte lippen kust alsof ze dit wil opzuigen.

✤ Van binnen drukken: als zij daarna uw *lingam* dieper in haar mond steekt, de rest liefkoost met haar lippen en even wacht alvorens hem weer los te laten.

✤ Kussen: als zij uw *lingam* in haar hand houdt en die over de hele lengte kust alsof ze uw onderlip kust.

✤ Wrijven: wanneer ze, na uw *lingam* te hebben gekust, deze overal met het puntje van haar tong beroert en dit ten slotte over het uiteinde ervan laat glijden.

✤ De mangovrucht zuigen: als ze uw *lingam* voor de helft in haar mond steekt en hem nu hartstochtelijk kust en eraan zuigt alsof ze een mango verorbert.

✤ Geheel inslikken: als ze ten slotte voelt dat uw climax in aantocht is, begint ze nog wilder te zuigen en steekt ze de hele *lingam* in haar mond totdat u uw orgasme bereikt.

De *Kama Soetra* zegt dat haremvrouwen elkaar wel eens met de mond bevredigen, en dat soms ook mannen dit bij vrouwen doen. Het kussen van de *yoni* gaat op dezelfde wijze als het kussen van haar mond. Als een man en een vrouw andersom gaan liggen, dus met het hoofd van de een naar de voeten van de ander, en elkaar op die manier bevredigen, noemt men dit de 'vereniging van de kraai'.

Blz. 64: in Gramaneri stort een aantal jongemannen zich tegelijkertijd op een vrouw…